D1936388

Hildegard von Bingen
Im Licht der Jahreszeiten

Hildegard von Bingen

Im Licht der Jahreszeiten

Bilder von Wulf Ligges
Texte von Heinrich Schipperges

Tyrolia-Verlag · Innsbruck-Wien

Einleitung

Im Licht der Jahreszeiten öffnet sich uns die grandiose Welt der Natur, tut sich auf das dramatische Walten der Zeit, eine nicht weniger gewaltige Welt an Geschichte und Schicksal –: des Menschen eigene Lebenswelt. Aus dem uralten, der Natur verhafteten Weltverständnis heraus erscheinen uns diese Jahreszeiten besonders vertraut, wenn wir sie mit den Augen eines mittelalterlichen Menschen betrachten, dazu noch mit den Augen einer Frau, einer so begnadeten wie begeisterten Naturforscherin, Mystikerin und Prophetin, wie sie uns begegnet in der Gestalt der heiligen Hildegard von Bingen.
Hildegardis wurde im Jahre 1098 in Bermersheim bei Alzey im Rheinhessischen geboren, und sie starb – hochbetagt und weitgeachtet – im Jahre 1179 auf dem Rupertsberg bei Bingen. Als junges Mädchen war sie Novizin in einem Kloster auf dem Disibodenberg im Nahetal geworden; mit 40 Jahren wurde sie Magistra eines Frauenkonvents der Benediktiner. Politisches Aufsehen erregte sie durch ihre Klostergründungen, den umfangreichen Briefwechsel mit Herrschern und Päpsten, vor allem aber durch ihre Predigtreisen und Missionspredigten. Sie schrieb neben einer „Glaubenskunde" (Scivias) eine „Weltkunde" (Liber Divinorum Operum) und eine „Lebenskunde" (Liber Vitae Meritorum), ferner eine „Naturkunde" (Physica) und eine „Heilkunde" (Causae et Curae) sowie Dutzende von Liedern (Carmina) mit eigenen Kompositionen.

Mitten in ihrem Hauptwerk vom Wirken Gottes, dem „Liber Divinorum Operum“, erscheinen nun die Monatsbilder, gewaltige Zeichen im ewigen Kreislauf der Jahre, denen wir uns zunächst im Wortlaut Hildegards zuwenden sollten, um sie dann in ihrer großartigen Geschlossenheit zu deuten. Die Bilder der Monate im Jahreszyklus dienen als Muster für die Tageszeiten, die Lebensalter, den Rhythmus des Alltags. Menschlicher Alltag braucht einfach Stil, sucht Symbole und Bilder, setzt Zeichen und Signale, findet seinen Rhythmus. Und so sind denn auch die Monatsbilder Orientierungshilfen für die Ordnung in Raum und Zeit, für alles Tun und Leiden im Alltag. Sie zeigen den Pulsschlag des Lebens. Gesunder Alltag ereignet sich nicht von ungefähr im zyklischen Wechsel, im rhythmischen Ablauf der Stunden, im Wechselspiel von Tag und Nacht, im Kreislauf der Monate, der Jahre, in Perioden von Generation zu Generationen – in stetiger Wiederholung vitaler Ordnungen und ewiger Beschwörung von Untergang und Auferstehung.
Immer wieder neu erhebt sich die Sonne. Das Jahr bricht auf und setzt seine Zeichen. Und wie der Saft in den Baum steigt, so nimmt auch das Leben in Sturm und Drang seinen Lauf. Jugend und Frühjahr sind Aufbruch, eine Periode voller Krisen und Chancen. Wie aber das Jahr zur Blüte kommt, so reift auch der Mensch zu Eigenständigkeit und Verantwortung. Der Mensch kommt mit allen Sin-

nen der Welt auf den Geschmack; die Fülle der Zeit erscheint als lauter Gegenwart. Wir reifen an den Dingen der Welt, die wir uns einverleiben und wieder lassen müssen.

Leben ist Wandel in der Zeit-Gestalt. Und schon neigt sich das Jahr dem Abend zu, dem Herbst des Lebens. Das Jahr rundet sich, will sich beenden und wenden in die neue, die alte, die ewige Zeit. Denn alles ist Gleichnis.

Nur so kann die heilige Hildegard auf dem Scheitelpunkt ihrer Kosmos-Schrift schreiben: „Wie Gott die Natur im Menschen vorgebildet hat, so hat Er auch in ihm die Zeiten des Jahres geordnet" – : die Natur und die Lebensalter, das leibhaftige Wachsen und Verfallen, die sinnenhafte Ausstattung, die geistigen Aufgaben, das Gnadenleben. Immer wieder begegnen wir in diesem großartigen Bild vom „Mensch in der Zeit" einem Menschen, der nicht befangen bleibt im naturhaften Kreislauf des Jahres, der sich vielmehr auf dem Wege zu Gott weiß und der in dieser Welt nicht eher Heimat findet, bis er dereinst sein Heil erwirkt hat.

rechts: Hildegard von Bingen „Der Lebenskreis"

Der erste Monat

Im ersten Monat erhebt die Sonne sich wieder. Doch zeigt er sich kalt und feucht, voll Widerspruch und schwitzt das in weißen Schnee verwandelte Wasser aus. Seine Eigenschaften gleichen dem Gehirn. Auch dieses ist kalt und feucht und reinigt sich, indem es die wertlosen Säfte durch Augen, Ohren und Nase auswirft. So wirkt die Seele voller Freude in der Kindheit des Menschen, jener Zeit, die noch keine Arglist kennt und die fleischliche Lust nicht spürt. Noch wird sie ja nicht genötigt, wider die eigene Natur zu handeln. In solcher Kinderzeit, deren Wunschleben so einfältig und unschuldig erscheint, zeigt sich die Seele in ihrer ganzen Kraft. Aber schon bald muß sie die reine Freude kindlicher Unschuld entbehren. Einem heimatvertriebenen Fremdlinge gleich wird sie in große Traurigkeit gestürzt. Das ist das Alter, wo die körperlichen Säfte im Menschen zunehmen. Da wird der Mensch durch die Fleischeslust befleckt, liebt die Leichtfertigkeit, vergißt Gott darüber, ergötzt sich an den Gelagen der Sünder und hat Freude an ihrem Treiben. Wie aber die Sonne sich im ersten Monat wieder erhebt, so ist auch die Seele in diesem frühen Lebensalter nicht verstockt und nicht völlig verdunkelt. Doch besteht die Gefahr, daß bei solchem Tun in sündiger Lust der Mensch in seiner wankelmütigen Gesinnung nach und nach in eine innere Verhärtung von Schmutz und Eitelkeit kommt, zumal ihm die Heiligkeit des rechten Tuns fehlt. Wenn dann dieser Mensch durch Belehrung und durch die Ermahnung des Heiligen Geistes Tränen der Reue vergießt, wird er gereinigt vom Gestank der Sünde und zum süßen Duft des guten Rufes kommen. Er meidet Unkenntnis und Widerwillen an guten Werken und wird so gereinigt.

Der zweite Monat

Der zweite Monat geht seiner Natur auf Reinigung aus. Er findet eine sinnhafte Bedeutung in den Augen des Menschen, weil auch die Augen, wenn sie wäßrig, unrein und kränklich sind, sich mitunter von selber reinigen. So ist auch die Seele im Menschen wie der Saft in einem Baume. Wie durch den Saft alle Früchte des Baumes gedeihen, so werden durch die Seele alle Werke des Menschen verwirklicht. Sind nun Gefäße und Mark des Menschen voll und reif geworden, dann beginnt er nach dem Verlangen seines Fleisches zu handeln. Ist das geschehen, so wird er durch die geistliche Natur seiner Seele veranlaßt, tief erschüttert aufzuseufzen. Wenn er dann mit dem Auge seines Gewissens betrachtet, was er mit seinen Sünden angestellt und wie unbußfertig er sie ausgeführt hat, dann wird er von aller Befleckung gereinigt werden. In Zukunft wird dieser Mensch bestrebt sein, die Sünde zu meiden.

Der dritte Monat

Der dritte Monat kommt mit einem wilden Wirbel herauf. Er führt Unwetter mit sich. Hat er auch noch manches Unheilvolle in sich, so setzt er doch mit seinem vielfachen Winden die Keime der Erde in Bewegung. Unter diesem Monat soll man sich die Ohren vorstellen. Auch in ihnen tönt der Laut von so viel Wertvollem und Nutzlosem, durch die der Organismus in seiner Gesamtheit in Bewegung gehalten wird. Auch die Seele im Leibe, der durch sie bewegt und ausgefüllt ist und wie mit Gefäßen verknüpft wird, steht in einer Auseinandersetzung mit den anwachsenden Kräften ihrer Natur. In dieser Situation gleicht der Mensch in der Mitte seiner Jugend einem Baume, der zunächst nur grobes Geäst und später erst die Früchte ans Licht bringt. Ein solcher Mensch ist noch von der Sturmzeit seines nicht zur Harmonie ausgereiften Charakters befangen, wenn er zu überlegen beginnt, was er wohl anfangen soll. Denn sein Mark ist nun fetthaltig genug, seine Gefäße sind wohlgefühlt. Unter solchen Umständen unterliegt seine Seele einer trübseligen und wehleidigen Stimmung, weil sich der Verdruß über die eigene Minderwertigkeit mehr und mehr häuft. Es ist ja so, daß die Seele immerzu jenes Leben in ihm verdeutlicht, das alles in Bewegung versetzt. Nun ist ein solcher Mensch, mehr als ihm zusteht, begierig nach Anerkennung; er täuscht sich aber gewaltig, wenn er glaubt, sich schon für einen Weisen halten zu dürfen, während er doch gerade in seiner Verwegenheit und seinem Hochmut gleichsam wie eine frische Wunde eitert. Er verfällt der Lüge, da in ihm der Ruf nach äußeren Ehrungen und nach Ansehen nicht in Erscheinung tritt. Bei diesem beklagenswerten Zustand wird die Seele traurig, jene Seele, in die alles, das Gute wie das Böse, zurückkehren muß, wie auch in den Ohren beides, das Wertvolle und das Minderwertige, widertönt, beides Grundkräfte, mit denen alles seiner Vollendung zugeführt wird. Wenn nach Überwindung solcher Auswüchse einer jugendlichen Gesinnung der Mensch durch Gottes Gnade seine Fehler wiedergutmacht und sich einem Besseren zuwendet, gerät auch die Seele wieder in Bewegung. Die Seele, die vordem so traurig war, da so viel Wertvolles, aber auch Unnützes durch den Menschen regelrecht hindurchgeblasen wurde, bewegt ihn wegen seiner schlechten und nichtsnutzigen Taten zur Reue; und sie ist es, die bewirkt, daß er ob seiner guten und fruchtbaren Werke sich freut, als wäre er im Paradies.

Der vierte Monat

Der vierte Monat ist voller Lebensgrüne und Wohlgeruch, auch wenn es in ihm schrecklich donnern kann. Er gibt einen Hinweis auf die Nase, mit der der Hauch der Seele den Duft einzieht und wieder entläßt, in der Vielfalt dessen, was er sich mit Ehrfurcht auswählt. Diesem Monat gleicht der Mensch, wenn er kraft des Vernunfthauches seiner Geistigkeit im Gewissen das Grün der guten Werke einsichtig auswählt. Es ist ein Monat, in dem alle Frucht der Erde zu grünen anhebt und der des Duftens so voll ist. Im süßesten Wohlgeruch läßt er den Ruf der Rechtschaffenheit und Nützlichkeit überallhin zum Ruhme Gottes ausströmen. Die laute Welt mit ihren widerwärtigen und schlechten Menschen aber schmäht häufig die Tugenden und guten Werke eines solchen Menschen und heißt ihn ungerecht und schlecht. Haben doch auch die Juden sogar den Herrn Jesus Christus oft beschimpft und Ihn lügenhafterweise ungerecht und befleckt genannt, obwohl sie Ihn in all Seinem Tun als heilig und gerecht erkannten. Wie sehr dieser Monat gefährlich und schrecklich klingt, er kann doch die Früchte der Erde nicht mehr zum Verdorren bringen. Gleicherweise dörren die Kräfte und Tugenden eines seligen Menschen durch derartige Schlechtigkeit nicht mehr aus, vielmehr leiden diejenigen, die mit den Zähnen wider ihn knirschen möchten, selber am meisten Schaden dabei. Wie nun der Mensch, eben durch den Hauch seiner Vernunft, mit Hilfe seiner Nase sich das Süßeste und Edelste auswählen und aneignen kann, so stößt er auch alles Stinkende und Häßliche damit von sich. Ein solcher Mann verdient sich ewigen Lohn, wird auch von den Menschen schon gerühmt und geehrt, sein Verfolger jedoch geht des himmlischen Lohnes verlustig und wird auch auf Erden niemals ein aufrichtiges Lob erfahren. Wer also Gott fürchtet und liebt, der hütet seinen Sinn vor jeder Schlechtigkeit, wie auch der Mensch seine Nase von jedem Ding, das da stinkt und unrein ist, mit Abscheu abwendet.

Der fünfte Monat

Der fünfte Monat ist lieblich und leicht und herrlich in allen Dingen der Erde. So ist auch dem Mund das Schmecken süß und ergötzlich; wird doch durch diesen Geschmack festgestellt und erkannt, was den Menschen mit Freude erfüllt. Ähnlich ist die Vernunft die Säule und das Mark der fünf Sinne, die durch jene gehalten und zum Wirken angetrieben werden, gleich wie die Erde, durch den Pflug umgeworfen, sich im Keimen als fruchtbar erweist. Das Sehen aber – der Sinn der Augen –, womit der Mensch alles anschaut und begreift, hält mit Recht unter den übrigen Sinnen die Spitze. Seinem Ort nach höher als die anderen Sinne, erfaßt das Sehen mehr als alle Sinnesorgane die entfernter liegenden Gegenstände. Daher ist dieses Sehen mit den Augen so angenehm, so herrlich, weil der Mensch damit durch Erkennen und Auslesen Wertvolles und Minderwertiges unterscheiden kann. Der fünfte Monat, der Mai, Träger allerlieblichsten Duftes der Blüten, macht des Menschen Herz so froh, weil in ihm schon alle Früchte der Erde – dem Menschen zur Freude – ans Licht sprießen. Und so erkennt auch der Mensch mit der Schau seiner Augen den vollen Gebrauch der natürlichen Dinge auf eine ganz natürliche Weise. Dabei kommt er unter allem Sehenswürdigen, das ihm ins Auge fällt, zu einer Unterscheidung, auf Grund deren er sich dann mit aller Schärfe seiner Vernunft zu entscheiden vermag. Die Fruchtbarkeit dieses Monats gleicht wirklich dem Geschmacksvermögen des Mundes, durch das der Mensch alles erfaßt, was ihm zur leiblichen Erquickung dienlich ist.

Der sechste Monat

Der sechste Monat mit seiner Hitze ist recht trocken. Um des guten Gedeihens willen mildert er seine Natur mit jenem Lufthauch, der den Früchten die Reife bringt, doch gießt er auch bisweilen im Übermaß die Wasserfluten aus. Hiermit wird auf die Schultern des Menschen hingewiesen, die mit ihrer Wärme ebenfalls trocken sind, sich jeder Arbeit unterziehen, jegliches Werk durchführen und so den Körper im Ganzen erhalten. Zuweilen sehnen sie sich ob aller Arbeit nach Ruhe, wie wenn ein Vogel vor Ermüdung seine Flügel lockert, und wie die Wurzel ihre Zweige hält. Ähnlich ist der zweite Sinn, das Hörvermögen, gewissermaßen ein kleiner Flügel für das Verständnis der Worte, die er empfängt. Indem die Ohren den Klang einer jeden Erscheinung aufnehmen, kann jedes Ding der Natur, was und wo es auch sei, seinem Wesen nach erkannt werden. Aus diesem Grund strengt der Mensch, dieses Wesen zu entdecken, auch eher seinen Geist an. Das Seelenvermögen, das durch die Ohren so empfindet, wie wenn es durch das Hören weiter nichts leiste, wird dabei nicht überdrüssig und keineswegs gesättigt, hat vielmehr das Verlangen, vieles noch darüber hinaus zu erkennen und sich zu merken. So dehnt auch der sechste Monat, nicht mehr feucht, die Früchte, die er mit seiner milden Wärme hervorgebracht hat, nach allen Seiten hin und bereitet sie zur Reife vor. Wie sich in diesem Monat Wasserfluten mit gefährlichem Donnergetöse voller Schrecken ergießen, so sind unter all dem, was das Gehör über die Ereignisse in der Welt gefällig heranträgt, manche Dinge, die nur mit Furcht und Bekümmernis aufgenommen werden können.

Das Gehör ist in der Tat der Anfang der vernünftigen Seele. Wie geschriebene Worte zuvor ausgesprochen werden, so wird über das Hörvermögen das Diktierte und Verfaßte, je nach dem Vorhaben des Menschen, zur Ausführung gebracht. Die Seele wird gleichwohl gezwungen, all dieses Gute und Böse, Wertvolle und Minderwertige zu ertragen, sie, die schon im Beginn des Hörens wegen der Seufzer und Tränen – weil sie die guten Werke noch nicht in Angriff nahm – sich nicht ganz und gar freuen kann. Die Schultern, die alle Feuchtigkeit der Eingeweide und der anderen Organe des Menschen und damit den ganzen Organismus tragen, haben eine beachtenswerte Ähnlichkeit mit dem Hörvermögen, das der Anfang der Seele ist und durch welches alle Werke vollendet werden, wie auch alle Lasten von den Schultern getragen werden. Wie die Eingeweide untereinander zusammenhängen, so sind auch alle Taten des Menschen miteinander verbunden: Durch die guten Werke, die die bösen bezichtigen, hat der Mensch Freude; an den schlechten Taten, durch die die guten erkannt werden, hat er Trauer. Mitten aus seiner vollen Freude heraus kann der Mensch leicht wieder in Traurigkeit gestürzt werden. Und so sucht er die Ruhe, wie ja der Mensch oft ein Verlangen nach Stille in sich trägt, die er doch nicht erlangen kann. Daher wird die Seele – hart beansprucht, solange sie im Leibe weilt – für ihre guten Taten in die ewige Heimat aufgenommen werden, während sie für die schlechten Handlungen, je nach Verdienst, der Bestrafung zugeführt wird.

Der siebente Monat

Der siebente Monat brennt in voller Sonnenglut und hat gewaltige Kräfte in sich. Er macht die Früchte der Erde reif und trocknet sie aus. Mit seinem zwischen Dürre und Regenfluten schwankenden Wetter ist er voll Leidenschaft. Auf eine ähnliche Weise sind auch die Gelenkverbindungen der Arme stark, und zwar durch die Schultern und Hände, mit denen der Mensch alle notwendigen Verrichtungen faßt und verbindlich festhält. Dabei vermag er es, die Natur eines jeden Dinges durch sein Geruchsvermögen herauszuschmecken, indem er unterscheiden und erkennen lernt, was brauchbar und was wertlos ist. So wählt der Mensch alles Notwendige für die Erhaltung seiner Natur aus. Er macht sich Gedanken darüber, wieweit wohl durch maßvolle Ausnützung der ausgedörrten schlechten Säfte diese noch für seine Gesundheit gedeihlich sein könnten, und verhindert damit, daß die Säfte durch Schlechtwerden der stärkenden Kraft des Blutes beraubt werden. Durch sein Wissen vermag der Mensch alles an sich zu binden und so unter seine Herrschaft zu bringen, daß das Schlechte in den Säften herausgefiltert wird und diese ihm mit ihrer gesundheitsfördernden Kraft zugute kommen. Mit feinfühliger Fürsorglichkeit kann er dies einrichten, und zwar so kraftvoll, wie die Gelenke der Arme durch die Schulterblätter und die Hände sind. In seinem Innern konzentriert er sich auf alles,was ihn gesund machen kann, und er bedenkt alle Lebensbelange so vorsorglich, wie sich auch die Früchte in diesem Monat auf ihren reifen Kern zusammenziehen.

Des Menschen Seele aber, dieser Geisthauch aus Gott, hat einen leidenschaftlichen Weg vor sich. Auf ähnlich kraftvoller Bahn durchläuft auch die Weisheit den ganzen Umkreis des Himmels. Kraft der sieben Gaben des Heiligen Geistes und mit Hilfe seiner fünf Sinne beginnt daher der Mensch seinen Weg und vollendet mit ihnen sein Werk, wie auch der siebente Monat alle Früchte der Erde vollkommen macht. Und wie ein solches Werk gleichsam mit der rechten Hand durchgeführt wird, wenn es zur Ehre gereicht, mit der linken aber, wenn es Verwirrung stiftet, so ist es auch bei den Früchten mit ihrer Reife und Dürre. Aus der Beherzigung der Fehlerhaftigkeit werden oft in bitterer Reue Tränen vergossen, und dann schlägt der Mensch wie mit den riesenstarken Kräften eines Löwen, der die anderen wilden Tiere überwindet, seine Fehler und Sünden im Eifer einer gewaltigen Anspannung nieder und fängt in der Weisheit seiner Gotterkenntnis an zu trauern über seine sündhaften Werke, mit denen er Gott zu entfliehen gedachte. Mit ihrem reuevollen Seufzen hält so die Seele, ständig ermahnt im Heiligen Geiste, mit starken Kräften den Menschen fest und setzt ihn in Bewegung. In reumütiger Gesinnung läßt sie ihn alle grünende Lebensfrische der Tugenden in sich sammeln. Und so kann seine in der Sünde verletzte Natur wieder zur Ausheilung kommen. Denn darin besteht die einzige Freude der Seele, immer und immer wieder zu überlegen, wie der Mensch in seine ewige Heimat gelangt, um ohne Ende darin zu weilen.

Der achte Monat

Der achte Monat kommt in voller Kraft herauf, einem mächtigen Fürsten gleich, der sein ganzes Reich in der Fülle der Macht beherrscht. Daher strahlt die Freude aus ihm. Er, der dahinbrennt in der sengenden Sonne, zieht schon, einer gewissen Feuchtigkeit wegen, den Tau nach sich. Auch kann er schreckliche Gewitter bringen, weil die Sonne sich wieder ihrem Niedergang zuwendet. Die Eigenschaften dieses Monats zeigen sich in den Händen des Menschen, die jedes Werk verrichten und die Macht des ganzen Leibes in sich vereinigen und speichern. Ob dieser Hände Werk erwirbt der Mensch sich oftmals Ruhm. Gleichermaßen erkennt der Mensch durch das Geschmacksvermögen des Mundes, mehr als durch die übrigen Sinne und auf eine vollständige Weise, die den Lebensmitteln einwohnenden Kräfte. Als ein Wissender vermag er sie bei sich zu behalten, so wie auch dieser Monat mit all seinem Vermögen voller Kraft ist. Auch hat der Mensch von innen heraus seine Heiterkeit, in dem er klug abzuschätzen weiß, was aus den kalten und warmen Naturen seiner Gesundheit zuträglich ist, wie auch jener Monat sowohl die Sonnenglut als auch den kühlen Tau in sich trägt. Mit solchem Wissen begabt, kann der Mensch Gefährliches und Nutzloses ausschalten, das Gute und Brauchbare aber behalten, wie auch die Hände ihre löblichen Verrichtungen kraftvoll und rechtschaffen vollenden, einem Künstler gleich, der aus seiner künstlerischen Begabung heraus alle Teile seines Hauses so aufrichtet, daß er in ihnen sein ganzes Wesen weise zum Ausdruck bringt.

Was die menschliche Seele angeht, so zeigt sie eine kämpferische Existenz. Aus ihrem großen Heilsverlangen heraus überwindet sie die ungebührlichen Gelüste des Menschen und dringt hart auf ihn ein. Auf einem leidenschaftlichen Wege vollendet sie ihren Umlauf und läuft vom ersten Augenblick ihres Kampfes an auf den allerhöchsten Gott zu. Mit dem Schild des Glaubens und der vollen Waffenrüstung ihrer Tugenden hat sie gegen die Gelüste des Fleisches zu kämpfen. Wenn sie siegt, jauchzt sie auf wie ein Kämpfer, der aus eigenem Willen und mit ganzer Anspannung einen Feind niedergerungen hat. In der brennenden Glut der wahren Sonne läßt sie dann den Menschen aufseufzen, damit er Tränen vergieße in der Erquickung wahrer Reue, die alle Sünde dörrt. Denn tief gebeugt wird der Mensch in dieser reumütigen Gesinnung, viel Widerspruch steht auf, in seiner Demut hält er sich für Schmutz der Erde, so daß er kaum das Heil seiner Seele erhofft. In einem solchen Augenblick hält die Seele ihm das Kreuz und die Leiden Jesu Christi vor, durch die alle Sünden abgewaschen werden; allsogleich erhebt sie ihn zu neuer Hoffnungsfreude. Von Tugend zu Tugend steigend, erblüht dann der Mensch in dieser Reue. Immer weiter wirkt die Blühkraft guter Werke und heiliger Tugend, wenn erst einmal einige gute Taten gelungen sind, so daß sie schließlich nicht mehr getilgt werden können. So wird der Mensch durch die Reue gehalten, täglich kraftvoll voranzuschreiten und gute und heilige Werke zu sammeln, an denen die ganze himmlische, Gott lobende Schar sich erfreut.

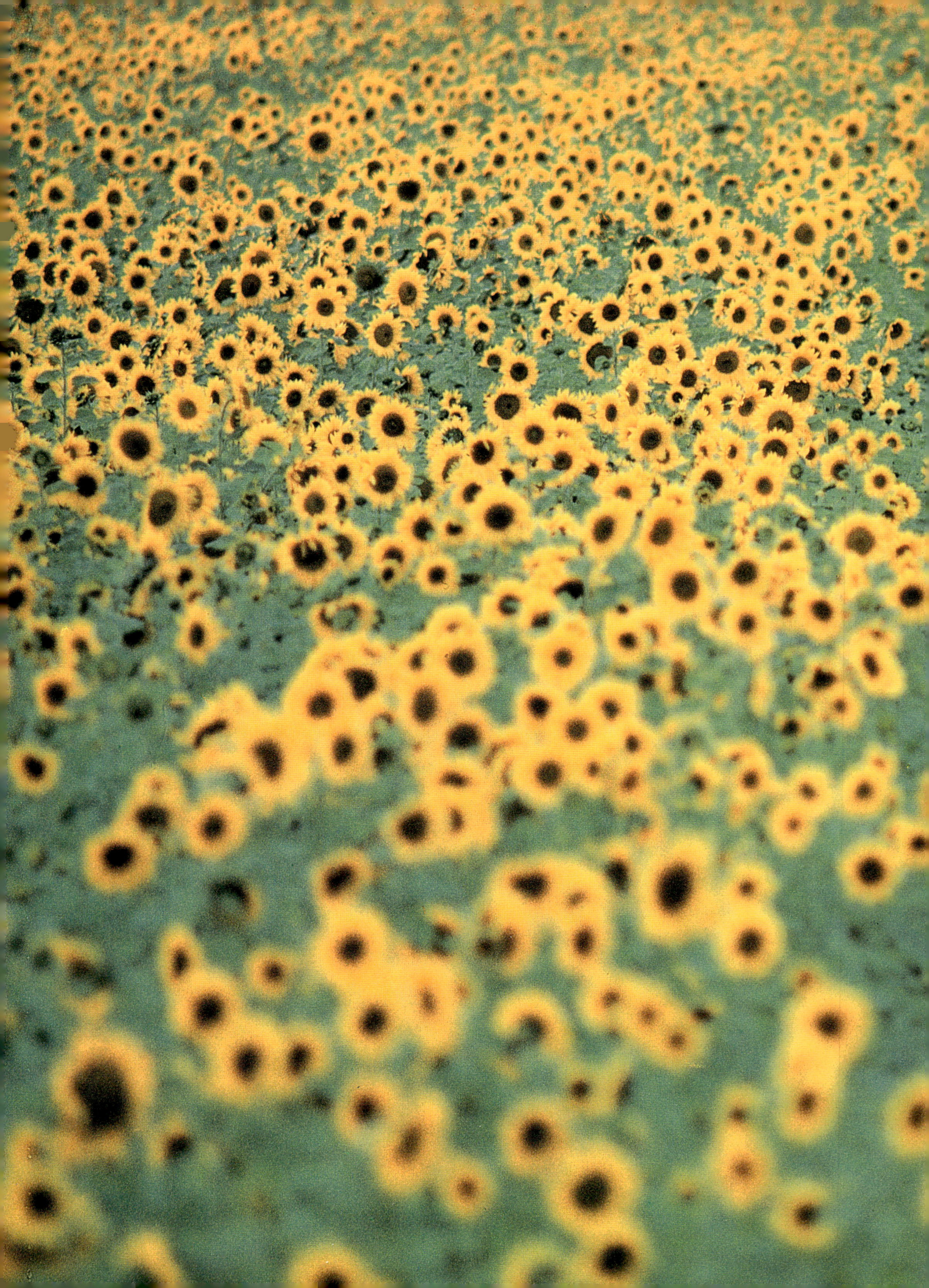

Der neunte Monat

Der neunte Monat ist Reifezeit. Keine schrecklichen Gewitter verzerren mehr sein Gesicht. Allen wertlosen Saft nimmt er von den Früchten, damit sie gut zu genießen seien. All das trägt dieser Monat wie in einem Sack sicher durch die Zeit. Er kann daher mit seinen Eigenschaften dem Magen des Menschen verglichen werden. Alles, was in ihn hineingestopft wird, muß mit Hilfe der Hitze der Leber und der übrigen Eingeweide durchgekocht werden. Daher wirft er auch normalerweise sein Produkt aus Erhitzung und Abkühlung in bestimmter Gesetzmäßigkeit wieder aus. Doch kann die natürliche Funktion häufig durch Krankheiten beeinträchtigt werden, wie auch dieser Monat mit durchlaufenden Wettern bisweilen in seiner Regelmäßigkeit durcheinandergebracht wird. Der Mensch aber vermag zufolge seiner Sinnesausstattung zu erkennen, was zum Verzehren reif ist. Erst jetzt wird er die Früchte zu sich nehmen, damit er nicht durch die Unreife jener Säfte unpäßlich werde. Ähnlich hält dieser Monat den ungeeigneten Saft aus den Früchten fern. Der Mensch lenkt nämlich sein Augenmerk darauf, nicht über das Maß, sondern rechtmäßig und ausreichend gesättigt zu werden, damit die Säfte mit ihren verderblichen Stoffen nicht in ihm aufgewühlt werden. Mit einer solchen Vorsicht eignet sich der Mensch alles Brauchbare an, wie jemand wohl einen Gegenstand, den er liebgewonnen hat, sorgfältig bei sich einschließt, damit er ihm nicht abhanden komme. So ist der Mensch mit seinem Tastempfinden dem Magen zu vergleichen, der seinen aufgenommenen Bestand in Erhitzung und Abkühlung maßvoll durchmischt und dann weitergibt, wie auch in diesem Monat alle reifen Dinge vorkommen, deren Säfte später ausgetrocknet werden. Des Menschen Seele, durch den Fall Adams, dazu noch durch die Anfechtung des Fleisches verwirrt, steigt durch die guten Werke freudig zum Himmel auf, durch böse Taten aber voller Trauer in die Tiefe. Sie legt einen äußerst starken Panzer an, sorgfältig gewebt und zusammengefügt: Es ist dies die Geduld, eine Tugend, die kein Pfeil zu durchbohren vermag. Diese Tugend verleitet den Menschen beim Aufstieg guter Werke dazu, alles Gute, das er getan haben könnte – gleichsam hinabsteigend in die wahre Demut – Dem zuzuschreiben, Der das höchste Gut ist und durch Den dieses alles verliehen worden ist.

Der neunte Monat

Wenn der Mensch aber in seiner Sünde in solche Trübsal gerät, daß er kaum noch Hoffnung auf das Heil seiner Seele behält, dann fängt ihn eben die Seele mit ihrer Geduld wieder auf. Sie hält ihm vor Augen, wie Gott um des Menschenheiles willen die menschliche Gestalt annahm; sie läßt ihn wieder aus seiner Zweifelssucht sich aufrichten, wie es im Psalm 138 heißt: „Wenn ich hinaufstiege bis in den Himmel, so bist Du da; und wenn ich hinabstiege bis in die Unterwelt: Du bist da!" (Ps 138,8). Dieser Vers will folgendermaßen verstanden werden: O mein Gott, all unser Aufstieg in heiligen und himmlischen Werken, die Du in Deiner Glut entflammt hast, ist nur der Deine, der Du aus Deiner Liebe heraus den Tau der Zerknirschung des Herzens in den Menschen hineinsenkst, aus dessen Fruchtbarkeit dann später die übrigen Tugendkräfte wachsen und erblühen. Sollte ich aber in den Abgrund der Sünden fallen, indem ich Dich vergesse und so die Höllenstrafen verdiene, so salbst und heilst Du mich mit den Tropfen Deines Blutes, wenn ich in wahrhafter Treue zu Dir aufschreie und aufseufze, und so bleibst Du mein Befreier und mein Erretter! Denn Geduld mit Demut findet sich in den Höhen, indem sie den Hochmut überwindet. Diese Geduld begleitet den Menschen auch in die Düsternisse des Versagens, indem sie ihn mahnt, um der Sündentaten willen nicht an Gottes Barmherzigkeit zu verzweifeln. So hält die Geduld alle Werke in der maßvollen Mitte, gleichsam in ihrer vollen Reife. Was an Heiligem geleistet, wird behütet vor falscher Vermessenheit, und was im Pfuhle der Sünde gefehlt, wird von der Verzweiflung freigehalten, damit es noch geheilt werden kann. In dieser Weise ist die Geduld immerfort auf dem rechten Wege, weil sie das Himmlische nicht läßt und das Irdische nicht verachtet. Allen Anreiz zum Lasterhaften – des Teufels Fallstrick – zertritt sie in dem wahren Licht, das Gott ist. In allen Dingen überläßt sie sich weder allzu großer Fröhlichkeit, noch stürzt sie uns in die Traurigkeit, die bisweilen mit teuflischer Täuschung doch über uns hereinbricht, indes die Geduld sich mit dem Schild des Glaubens tapfer dagegen wehrt.

Der zehnte Monat

Der zehnte Monat gleicht einem sitzenden Menschen. Er eilt nicht mehr in der Vollkraft seiner grünenden Lebensfrische geschwinde dahin und hat nicht mehr die volle Lebenswärme. Dafür schmückt er das Geäst der Bäume aus, indem er die Kälte ausschwitzt. So faltet sich auch der sitzende Mensch zusammen, um der Kälte zu entgehen. Er zieht sich jetzt ein Kleid über, damit er warm hat. Das ist ein Beispiel dafür, daß der Mensch, wenn er im Alter zu frieren beginnt, auch weiser wird. Denn der knabenhaften Sitten überdrüssig, stellt er in der Reife des Alters den Wankelmut leichtfertiger und törichter Verhaltensweisen ein. Er meidet die Gesellschaft stupider Leute, die ihn mit ihrer Unwissenheit doch nur täuschen würden. Auch lassen wegen der Alterskälte in ihm die vielfältigen und nun überflüssig gewordenen Gelüste im Fleischlichen nach. So ist auch dieser Monat bei aller Grünkraft nicht mehr ganz angenehm, da infolge der Trockenheit und Kälte die Zweige entlaubt werden. Die Seele aber, geschaffen als ein lebendiger und kluger Geisteshauch aus Gott, der in Wahrheit die Weisheit selber ist, belehrt den Menschen, daß er das festhalten soll, was von Gott kommt. Mit Gottes Gnade unterwirft sie sich in einem glückseligen Menschen dem Leibe mit all ihren Kräften, wie der Herrin die Magd, und bereitet ihm Freude am Guten. Wenn aber das Fleisch dieses Menschen doch einmal noch von Genußsucht gereizt werden sollte, dann ist die Seele entrüstet und verwundert, lischt jenes Gift aus Gefäßen und Mark und stoppt es ab. Sie tröstet ihn aus der Gnade des Heiligen Geistes heraus und mit den Lehren der Heiligen Schrift, führt ihn von den Lastern hin zu den Tugenden, damit er nicht in Sünden zugrunde gehe, und nimmt ihn so vorsichtig in ihre Obhut.

Der elfte Monat

Der elfte Monat kommt gebückt. Er baut die Kälte auf. Keine Sommerfreuden hat er aufzuweisen. Er bringt die Schwermut des Winters. Die Kälte bricht aus ihm heraus, fällt über die Erde und wühlt den Schmutz auf. Dem gleicht der Mensch, wenn er die Knie beugt, damit die Kälte ihn nicht durchdringe. Beugt er so in Trauer seine Knie, dann häuft er in seinem Herzen schmerzvolle Gedanken, hält sich für nichtigen Schmutz und findet nicht mehr den Aufschwung zur Freude. Erinnert er sich doch in dieser seiner Herzenstrauer daran, daß die Knie des Menschen von Natur aus – in seinem ersten keimhaften Zustande – gebeugt gewesen sind. Ähnlich schwach wird auch der alternde Mensch wieder durch die Kälte; er vermag die Fröhlichkeit seiner Jugendzeit nicht mehr zu halten. Infolge der schwächenden Austrocknung, in der er wie dürr ist und von krankhaften Säften überschwemmt wird, fängt er zu klagen an. Aus Furcht vor der Kälte schleppt sich solch ein Greis, da er seiner eigenen Natur nach kalt geworden ist, mit seinen Gliedern ans Feuer. Deshalb ist dieser Monat, der fern von den Freuden des Sommers seine tristen Tage kalt dahingehen läßt, den Knien des Menschen zu vergleichen, die der Greis voll Schwermut krümmt, wenn er an seine ursprüngliche Lage denkt, da er genauso mit eingekrümmten Knien im Mutterleib wie eingeschlossen dahockte.
Und so verhält es sich auch mit der Seele, wenn sie mit ihren Kräften den Menschen derartig überwunden hat, daß er ihr zuliebe von sei-

nem sündigen Tun eine Weile abläßt. Doch kann sie es nicht verhindern, daß der Mensch weiter die Begierde nach der Sünde in sich trägt. Dann seufzt sie auf in ihrem Gefäß – jenem Körper, dem sie einwohnt –, weil sie den ganzen Körper durchdringt und in Bewegung versetzt, wie ein Wind, der durchs Haus bläst, seine Seiten erzittern macht und mit seinem Wehen durch Höhlungen und Fensteröffnungen jagt. Wenn dann der Mensch in seiner Sündenschwärze sich wie ein Wurm in ein Schmutzloch einwühlt, läßt auch die Seele, die ihren Platz in den Gefäßen, im Mark wie überhaupt in jeder Verbindung der leiblichen Organisation hat, mit ihren Bemühungen nach, weil sie nicht mehr im Feuer des Heiligen Geistes erglüht. Weil aber der Mensch in seiner fleischlichen Gesinnung keine freudvollen Werke mehr verrichten kann, läßt er das Tageslicht der Heiligkeit unbeachtet, beginnt zu seufzen und zu jammern und vergißt in dieser seiner Gesinnung sein Wesen und seine Herkunft. Dies Seufzen bleibt weiter bestehen, voller Schmerz, da der Mensch sich so sehr vom Geschmack seiner geistlichen Natur entfremdet hat. Wenn dann die Gnade des Heiligen Geistes die Seele nicht mehr entfacht, kann es so weit kommen, daß sie den Werken, die der Körper von ihr verlangt – wenngleich unfreiwillig – zustimmt und sie ausführt. Ob ihres naturwidrigen Handelns aber überkommt sie eine große Traurigkeit, die den Körper niemals befallen kann, wenn er darauf sinnt, der Natur seiner Seele gemäß zu handeln.

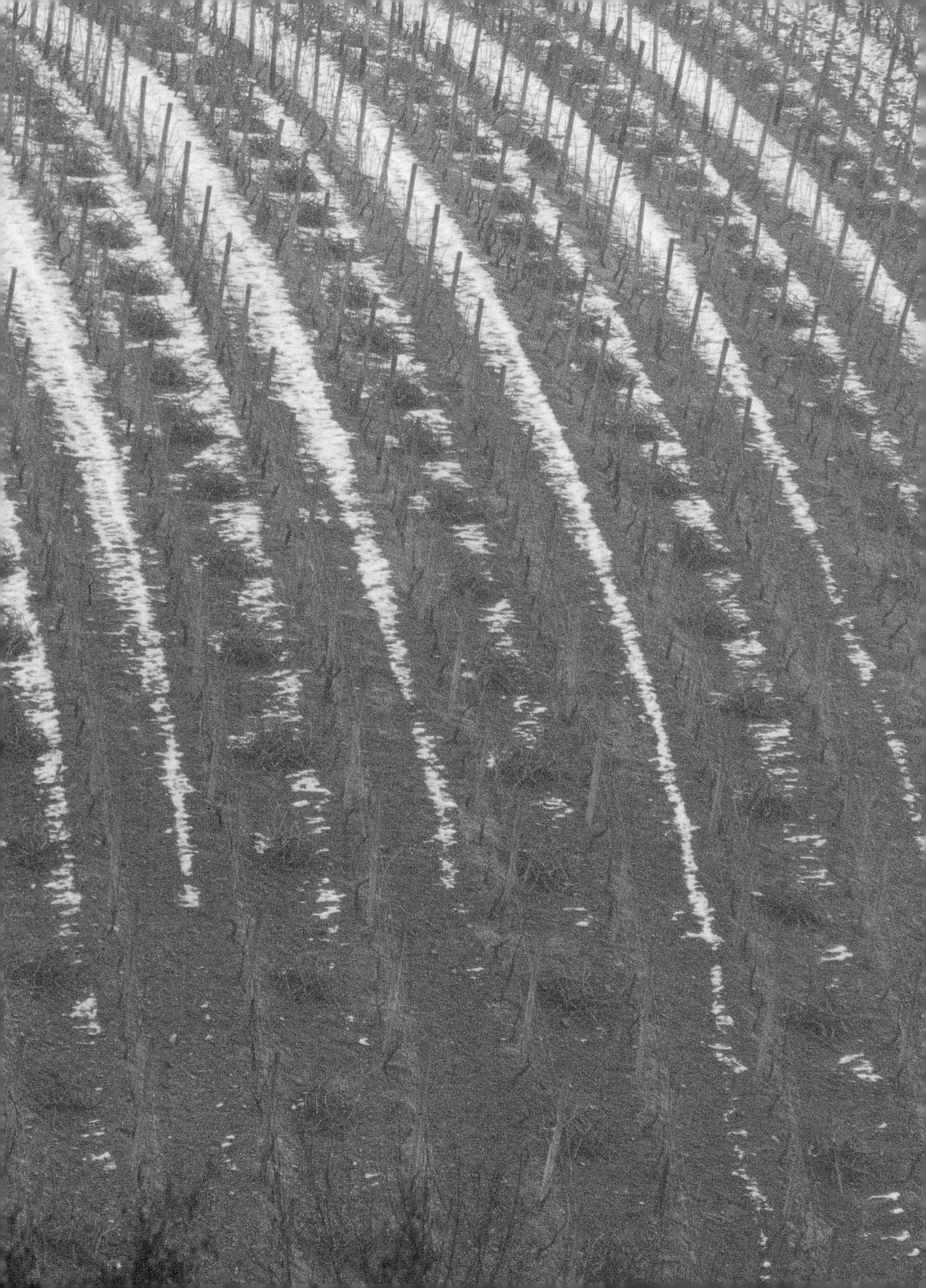

Der zwölfte Monat

Der zwölfte Monat ist mächtig kalt. Die Erde wird hart und friert. Winter bedeckt das Land mit gefrorenem Schaum und macht es lästig und beschwerlich. Mit diesen Eigenschaften werden die Füße des Menschen verglichen, die so vieles niederstampfen, breittreten und so die Erde eindämmen, damit sie sich nicht erhebe und man auf ihr stehen kann. Auch die Seele eines Menschen, der im Zorn das Blut eines Mitmenschen vergossen hat oder ihm rachsüchtig ein anderes Unrecht antat, wird auf das schwerste befleckt. Wie der Körper nach dem Ausscheiden der Seele ohne Wärme ist und kalt bleibt, so wird auch die Seele ohne die Glut der Gaben des Heiligen Geistes durch den Zorn verhärtet und vergißt ihre eigene Natur, in der sie doch vor dem Angesichte Gottes wie mit warmem Blute erscheint. Wie Kain es mit dem Blute seines Bruders getan hat, so wendet sich nun die Seele von Gott ab. Im Zorne nämlich kocht das Blut über; verlassen von allen rechten Sinnen benimmt sich der Mensch wie wahnsinnig.

Durch Zorn und Schmähsucht ins Widervernünftige verwirrt, wendet er sich mit Herz und Mund von aller Seligkeit ab, ist neidisch auf seinen Bruder und das Gute in ihm, soweit ihm dies in Gedanken und Worten möglich ist. Durch den bösartigen Haß in seiner Seele ist er vor Gott wie ein Mörder. Solch ein Mensch knirscht mit den Zähnen wider Gott und verdunkelt Ihn mit den üblen Worten, die vom Haß in seinem Herzen diktiert werden. In der Verhärtung solch ungerechter Bahn kann der Mensch weder die Süße der Heiligkeit besitzen noch den Samen guter Werke ausstreuen. Auch schwingt er sich in dieser Verhärtung, die immer mehr zunimmt, nicht mehr zu den himmlischen Dingen auf. Blind für die Werke einer guten und heiligen Erkenntnis, kann fortan ein solcher Mensch die Freuden der Heiligkeit, die er in seinem Zorn befleckt hat, nicht mehr besitzen; gleich einem Kamel ist er beladen mit dem Gestank seiner Sünden, und er befleckt sich immerfort.

Im Licht der Jahreszeiten

Hinführung zu den „Monatsbildern" der Hildegard von Bingen

Von Monat zu Monat waren wir geführt worden durch den Wandel der Zeiten, die Wechselfälle der Natur, das Geschick des Menschen und hatten als Sinn des Jahreslaufs die Verschlüsselungen aller Werke Gottes in der Welt erfahren. Vertraut mit dem Sinn von Raum und Zeit erlebten wir staunend, wie sich der Aufbau des Jahres auf die Räume des Weltalls dehnt und wie die Abfolge der Geschichte in ihren gewaltigen Perioden einmündet in das Jahr des Heiles.

Im kosmischen Rhythmus sehen wir die Gezeiten fallen aus den Jahreszeiten in die Monatsbilder, über die Wochenkalender in die Stundenbücher, und mitten in diesem gewaltigen Zeitenlauf erscheinen sie dann, die Monate, als Bilder einer durchrhythmisierten Grundordnung, als Wegweiser und Orientierungshilfen in einem immerwährenden Kalender.

Das Kalendarium diente dem mittelalterlichen Menschen als die himmlische Ordnung der kosmischen Feste in sinnlich erfahrbarer Zeit. Maßgebend wurden dabei die kalendarischen Grundeinheiten: der Tag als Maß für die Achsendrehung der Erde; der Monat im Umlauf des Mondes um die Erde; das Jahr als Zeichen für den Lauf der Erde um die Sonne. Was hier sinnlich erfahren wurde, war das numinose Erleben einer universalen Ordnung. Jeder Monat bekam

seine eigene Figur und fand Parallelen im menschlichen Wandeln und Wirken. Die Orientierung am Himmel wurde zum Sinnbild für die Zyklen im Ablauf der Stunden, der Tage, der Jahre, der Generationen. Noch bei Paracelsus (1493–1541) erscheint „der Lauf des Himmels“ als Zeit-Kunde einer kosmischen Zeit-Gestalt, als „Zeitigung“ im Prozeß einer organischen Reifung. Natur ist hier nicht eine statisch abgeschlossene Schöpfung, sondern der dynamische Auftrag des Menschen zur dramatischen Entfaltung der Welt. Jeder von uns hat in der „Erwartung der Zeit“ und bei der „Aufbereitung der Welt“ seinen eigenen Zeitraum und darin „viel tausend Wege“. Alles ist Zeichen einer pulsierenden Lebensordnung. Denn die Schöpfung ist noch nicht zu Ende –: Der Mensch muß sie vollenden!
Mit den Bildern der Monate offenbart sich das Wesen der Zeit, zeigt sich das Jahr mit seinem gedoppelten Antlitz: rückblickend auf das Vergangene, das Kommende vorausschauend, in einer wachen Gegenwärtigkeit voller Erinnerung, voller Erwartung. Gehen wir dieser inneren Rhythmik der Zeit-Gestalt einmal im einzelnen nach: dem Zyklus der Jahreszeiten, dem Reigen der Monatsbilder, dem Wechsel der Tageszeiten, den Stufen der Lebensalter!

Vom Zyklus der Jahreszeiten

Im Licht der Jahreszeiten wird des Menschen Lebenslauf eingeborgen in das Jahr des Heils, das große Thema von Hildegards Welt-

Kunde. Die Gezeiten erscheinen dabei zu unserer Überraschung nicht nach dem traditionellen Schema von Frühling, Sommer, Herbst und Winter, sondern im polar gespannten Weltennetz der elementaren Qualitäten von „warm und trocken" und „kalt und naß". Für die zärtliche Poesie des Frühlings und die verträumte Wehmut des Herbstes hätte Hildegard von Bingen kein Verständnis aufgebracht. Auch kennt sie weder den Osterjubel noch die Pfingstwonnen, keinen Marienmonat und keine Allerseelenstimmung und schon gar nicht die vorweihnachtliche Erwartung eines „Alle Jahre wieder"!

Alles wird vielmehr streng reglementiert vom grandiosen kosmischen Wellenschlag: „Zweimal im Jahr wechselt die Erde ihr Gesicht: Sie wird grün und zeugt Leben weit und breit; alsdann welkt sie und wird wie zu Staub." Und so auch die Seele, die gleichsam die Sonne des Mikrokosmos ist. „Denn wie die Kreatur im Sommer blüht und grünt, im Winter aber welkt und abstirbt, so blüht und grünt auch die Seele voller Freude an guten Werken und welkt und stirbt im Leiden an dem bösen Tun" (LDO 855 A). Und selbst in der schon abgestorbenen Natur erschaut die Seherin noch die geheime Werkstatt des Schöpferischen, in der alles voller Bereitschaft wartet und in kreativer Kraft lebendig webt und wirkt, auch hier wieder als Vorbild für die sittliche Situation des Menschen und sein öffentliches Verhalten in der Welt.

Wie der Sommer blühendes, reifendes Wachsein, so ist der Winter ruhender, kräftespeichernder Schlaf. Und wie der Schlaf, so ist auch der Winter keine tote, vielmehr die eigentlich aktive, kreative Zeit. Im

Winter wird alle Sonnenglut nur ins Innere und Intime genommen, wie auch im Schlaf das Mark durchgekocht und intensiviert wird, damit es dem neuen Tag frische Kraft verleihe. Das alles ist sinnvoll und schön, sagt Hildegard: „Die Täler grünen und blühen bald vom Tau des Himmels und der Sonnenwärme, bald dörren sie aus und welken im Wechsel der stürmischen Zeiten. Gleichwohl habe Ich, der Herr, diese Täler, die im Wandel der Zeit zuweilen ihre Schönheit verlieren, nicht ganz und gar und so sehr vergessen, daß sie nicht bald wieder in Schönheit auferstehen würden" (LDO 368 C).
Durch alle Jahreszeiten aber geht bei allen so vielfältigen Erscheinungen das *eine* schöpferische Vermögen, das selbst noch die Generationen der Menschen in einen Vergleich und eine Übereinstimmung mit den Zeiten des Jahres bringt. Denn: „Durch den Winter und durch den Sommer gedeihen die Früchte und kommen ans Licht. Ohne die Kraft dieser beiden könnte nichts verwirklicht werden. Aus der Wurzel aber, welche die Lebensgrüne (viriditas) in sich enthält, werden Blüten und Früchte ernährt. Sie stammen also aus einer einzigen Kraft. Genauso werden durch Mann und Frau viele Menschen hervorgebracht, und dennoch gehen sie aus *einem* Schöpfer hervor" (LDO 945 D).

Im Reigen der Monatsbilder

„Alles wird geregelt nach dem Mond, da er die Mutter aller Zeiten ist. Und wie die Kinder von der Mutter gezählt werden, so werden die Zeiten nach dem Mond berechnet“ (CC 17). Mit den Monaten erst wird das Jahr ausgedeutet, zunächst als Interpretation einer natürlichen Welt, dann aber auch als Suche nach dem Sinn der Zeit und letztlich wiederum als ein Weg zum Heil. In ähnlicher Weise wie auf dem Schaubild der heiligen Hildegard vermag uns die Kunstgeschichte in reich illuminierten „Monatstafeln“ und „Stundenbüchern“ die Bilder des Alltags in immer gleicher Typisierung zu zeigen: Da erscheint der Januar als Mann mit Pelzkappe, der sich am Feuer wärmt, und der Wassermann entläßt mit dem Februar Schnee und Regen. Der März zeigt Garten- und Feldarbeit, Acker- und Weinbau, und im April dräuen die Stürme über das Ackerland. Und so fort: Die Herbstmonate weisen auf Erntekranz und Weinlese hin, und der Dezember ist ein alter Mann, der wieder hinter den Ofen kriecht. Alles im Rhythmus des Alltags braucht Symbole und Zeichen, sucht einen festen Stil, hat seine Ordnung in tagtäglichen Mahlzeiten wie im Wechsel von Schlafen und Wachen, von Bewegung und Ruhe oder auch im Haushalt der Affekte und Emotionen. Und so stehen die Monate unter dem „Zeichen des Himmels“, ausgerichtet auf den menschlichen Lebenslauf mit Geborenwerden und Aufzucht, mit Reifen und Krisen, mit dem Altern und Sterben. Auf alles weisen die Monate hin; sie sind der Pulsschlag des Lebens.

Von den Stufen der Lebensalter

Jede Etappe der menschlichen Lebenszeit will auf eine besondere Situation wie auch auf einen geeigneten Zeitpunkt aufmerksam machen, in welcher der Mensch fruchtbar wird und Leben einen Sinn erhält. In allen Lebensstufen sucht Hildegard diesen Kairos, der auf Heiligung des Lebens und Verklärung der Welt aus ist, der uns die Herrschaft über die Rhythmik des Lebensstromes garantiert.
„In seinem ersten Lebensalter schon beginnt der Mensch, gleichsam zu seiner ersten Stunde, da er noch Kind ist, den Heilsweg." Die Kindheit soll daher lernen und aufmerksam hören auf die Lehre der Meister. „Auf der zweiten Lebensstufe, gewissermaßen zur dritten Stunde, da halte der Jüngling schweigsam und geduldig die Heiligkeit fest." Im dritten Alter beginne er dann zu fragen und zu suchen; er nehme Rat an von den Weisen und sage Gott Dank. „Das vierte Alter schließlich richtet seine Seufzer auf Gott; ihm kommt die Freude an allem zugute, und sie wird nicht fehlen." Wie aber die Erde zur Sommerszeit durch ihre Blüten geschmückt und im Herbst wieder durch die Kälte ausgebleicht wird, „so wird auch der Mensch in seinen jugendlichen Tagen aufblühen und hernach mit dem Alter wieder in die Dürre gebeugt" (LDO 860 B).
Und so ist der Mensch gleichsam „ein zweiter Mond", lesen wir im „Berliner Fragment" (B III, 36), und weiter: „Mit der Zeit, wo der Mond zu wachsen beginnt, wird des Menschen Kindheit verstanden, indem er zunimmt, die Jugend; ist er voll, die reife Manneszeit und mit seinem Abnehmen endlich das Greisenalter."

Der reife Mensch aber steht in der Fülle einer Schaffenskraft wie im Sommer seines Lebens und hat, wie die Sonne, Macht über die Zeit, reguliert das Lebenstempo, die Raschheit des anflutenden Lichts, die Bedächtigkeit und Gedrängtheit des Wachsens, den Lockruf der Knospen, die Dichtigkeit des Grünens, das Abstoßen im Welken, alle Verwandlungen der Dämmerungen, ja selbst noch die so geheimnisvoll wandelnde Nacht. Die Welt ist in ihrer natürlichen Weihe durch und durch verinnerlicht.

Diese Art von Lebensweisheit und Lebensdiätetik erscheint für Hildegard ganz selbstverständlich in einer Welt zu sein, wo Sonne und Mond wechseln, der Mensch essen muß und ausscheiden, wo er schlafen und wachen soll, wachsen und sterben muß –, in einer Welt auch, in der er angehalten ist zu Arbeit und Gebet, zur Erkenntnis und zur Freude, zum Leiden und zur Hoffnung –, einer Welt aber auch, wo Pflanzen und Tiere, Steine und Sterne zum Partner des Menschen werden, der selber wiederum Bild und Partner seines Schöpfers ist.

Von den Sinnen und vom Sinn des Lebens

In ihre Monatsbilder und eng angelehnt an die Lebensphasen hat Hildegard von Bingen sinnigerweise nun auch die Sinnesausstattung des Menschen eingebaut, seine Sinnesorgane und Empfindungen, die dem Alltag des Menschen wiederum die eigene Melodie verleihen. Mit offenen Augen soll der Mensch den Gebrauch der Dinge ganz natürlich nehmen und alles mit Blut und Leben erfüllen. Er soll sehen lernen, was da ist, soll sich aneignen, was ihm zukommt, er kann unterscheiden zwischen dem, was ihm zusteht und was nicht guttut, um sich dann mit aller Bestimmtheit zu entscheiden. „Denn der Mensch sieht mit seinen Augen, was er in seiner Weisheit erkennt, und er faßt dieses auf durch sein Hören, Riechen und Schmecken“ (LDO 833 B).

Das Jahr steigt – im Reigen der Monate – auf seinen Scheitelpunkt: Der Mensch tritt ein in das Mannesalter; die Schultern tragen des Alltags Last und Mühe; das Ohr bildet sich aus zu einem Organ der Vernunft; alle Stimmen lassen sich hören und kommen zur Einsicht. Über die Sinnesempfindungen der Nase kommt der Mensch allen Dingen der Welt auf den Geschmack. Als „homo sapiens“ weiß er Bescheid; er lernt sich bescheiden und vermag dann auch in aller Bescheidenheit seinen Mitmenschen Bescheid zu geben. Mit Auge und Ohr vermag der Mensch auf diese Weise im Buch der Natur zu lesen; mit seinem Mund kann er die Welt so schmecken, wie sie ist; mit seiner Vernunft wird er alles aufnehmen, was laut wird. Und so wird er ganz und gar weise, voller „sapientia“, wirklich ein „homo sapiens“. Er ist ein Wesen der Auslese, des guten Geschmacks und der rechten Einsicht.

In den Mittelpunkt der sinnlichen Erfahrungen spielt sich zu unserer Überraschung bei Hildegard von Bingen immer mehr der Geruch. Er ist das Sinnesorgan des Ausgleichs und der Vermittlung und wird dadurch nach und nach auch zum Organ der Weltorientierung. Als der vermittelnde Sinn bringt er das Ferne nahe heran und trägt es ans Eigene; gleichzeitig hält er Distanz zur Welt. Als „der milde Sinn“ (B III, 48) erscheint er als ein besonderer Vertrauter des Menschen; er macht die Dinge kenntlich, bringt sie nah und hält auch fern. Er verleiht auf diese Weise allem eine diskrete Note, schenkt eine unverwechselbare Stimmung, verbreitet ein eigenes Fluidum. In allem ist der Geruch aber auch eine Spur, Spur der Vergangenheit und jene bezaubernde oder abschreckende Witterung eines gegenwärtigen Wesens wie auch eines erwarteten oder drohenden Zustandes. Das Tastorgan schließlich erscheint als ein besonderes Organ des Wirklichkeitskontakts, des Weltaustauschs, der Eingriffsmöglichkeiten. Das Tastvermögen ist ein Instrument, mit dem wir gleichzeitig an die Welt rühren und von ihr betroffen sind, ein Organ der Erfahrung und des Begreifens. Und so eignet sich der spürende, der tastende Mensch auch alles Brauchbare an: im Einvernehmen, im Einverleiben, im leibhaftigen Besitzen.

Mit ihrem feinsinnigen Naturverständnis und aus einer tiefgründigen Seelenkunde heraus versteht Hildegard zu zeigen, wie Gott sich in seiner ganzen Schöpfung mitteilt: im Ablauf des Jahres wie im Aufbau des Organismus, und wie jeder einzelne Sinn noch an allen Gliederungen beteiligt ist. So werden Natur wie Geschichte zu Aufruf und Ansprache. Mit allen Dingen der Welt will Gott des Menschen wache Existenz in Anspruch nehmen. Dies in erster Linie tritt uns vor Augen im Lichte der Jahreszeiten!

Ein Jahr des Heiles

Das Jahr rundet sich: Die Monate greifen aus in einen neuen Zyklus. Der Kreis hat sich geschlossen. „Alles Behagen am Leben ist auf eine regelmäßige Wiederkehr der äußeren Dinge gegründet." Von diesen Geheimnissen weiß Goethe, wenn er in „Dichtung und Wahrheit" fortfährt: „Der Wechsel von Tag und Nacht, der Jahreszeiten, der Blüten und Früchte, und was uns sonst von Epoche zu Epoche entgegentritt, damit wir es genießen können und sollen, diese sind die eigentlichen Triebfedern des irdischen Lebens. Je offener wir für diese Genüsse sind, desto glücklicher fühlen wir uns."

Aber nicht nur glücklich fühlen sollen wir uns im Lichte der Jahreszeiten, sondern auch von diesem großartigen Rhythmus gehalten und geleitet werden, gewiesen auf so vielerlei Wege zu Heilung und Heiligung. Die ganze Natur ist ja Sinnbild für das leidenschaftliche Heilsverlangen des Menschen. Alle Welt legt dafür Zeugnis ab, alle Sinne sind Wegweiser zum Heile.

Der Jahreskreis schließt sich: Das alte Jahr neigt sich dem neuen zu. Und wieder ist es der doppelgesichtige Janus, der an die Schwelle tritt, jener Gott Janus, von dem es bei Isidorus, Bischof von Sevilla, heißt: daß er deshalb als doppelgesichtig (bifrons) bezeichnet werde, weil er sowohl hinweist auf den Beginn (introitus) wie auch das Ende (exitus) eines Jahres.

Das Ganze der Welt wird zu einem Jahr des Heiles.

Literatur

Quellen:

S. Hildegardis Abbatissae Opera omnia. Ed. J.-P. Migne. In: Patrologia Latina, tom. 197. Parisiis 1882

Analecta Sanctae Hildegardis Opera. In: Analecta sacra (ed. J. B. Pitra), tom. 8. Monte Casinense 1882

Hildegardis Causae et Curae. Ed. Paul Kaiser. Lipsiae 1903 = CC

Hildegardis Liber Divinorum Operum. In: Patrologia Latina, tom. 197, col. 739–1038 = LDO

Hildegardis Fragmenta. In: Heinrich Schipperges: Ein unveröffentlichtes Hildegard-Fragment (Cod. Berolin. Lat. Qu. 674). Sudhoffs Archiv für Geschichte der Medizin 40 (1956) 41–77 = B

Sekundärliteratur:

Brück, Anton Ph. (Hrsg.): Hildegard von Bingen 1179–1979. Festschrift zum 800. Todestag der Heiligen. Mainz 1979

Führkötter, Adelgundis: Hildegard von Bingen. Salzburg 1972

Lauter, Werner: Hildegard-Bibliographie. Wegweiser zur Hildegard-Literatur. Alzey 1970

Schipperges, Heinrich: Gott ist am Werk. Die Schöpfung der Welt in Gottes Ebenbild. Olten 1958

Ders.: Hildegard von Bingen. Ein Zeichen für unsere Zeit. Frankfurt 1981

Schrader, Marianna und Führkötter Adelgundis: Die Echtheit des Schrifttums der heiligen Hildegard von Bingen. Quellenkritische Untersuchungen. Köln–Graz 1956

Die Texte von Hildegards „Monatsbildern“ sind entnommen aus: Welt und Mensch. Das Buch „De operatione Dei“. Aus dem Genter Kodex übersetzt und erläutert von H. Schipperges. Salzburg 1965. Die Abbildung „Der Lebenskreis“ (S. 7): Miniatur des Codex latinus 1942 der Biblioteca Governativa di Lucca (S. XIII). Mit freundlicher Genehmigung des Otto Müller Verlags.

Mitglied der Verlagsgruppe „engagement“

Die Deutsche Bibliothek – CIP-Einheitsaufnahme

Hildegard von Bingen : im Licht der Jahreszeiten / Bilder von Wulf Ligges.
Texte von Heinrich Schipperges. – Innsbruck ; Wien : Tyrolia-Verl., 1993
ISBN 3-7022-1874-2
NE: Ligges, Wulf; Schipperges, Heinrich

1993
Alle Rechte bei der Verlagsanstalt Tyrolia, Innsbruck
Farblithos: Tiroler Repro, Innsbruck
Satz, Druck und Bindung: Athesia-Tyrolia Druck, Innsbruck